AF562580

ANNALES DU MUSÉE GUIMET

REVUE DE L'HISTOIRE DES RELIGIONS

PUBLIÉE SOUS LA DIRECTION DE

M. JEAN RÉVILLE

AVEC LE CONCOURS DE

MM. E. AMÉLINEAU, AUG. AUDOLLENT, A. BARTH, R. BASSET, A. BOUCHÉ-LECLERCQ, J.-B. CHABOT, E. CHAVANNES, P. DECHARME, L. FINOT, I. GOLDZIHER, L. KNAPPERT, L. LEGER, ISRAEL LÉVI, SYLVAIN LÉVI, G. MASPERO, P. PARIS, F. PICAVET, C. PIEPENBRING, ALBERT RÉVILLE, ETC.

I. GOLDZIHER

—

NOUVELLES Contributions à l'hagiologie de l'Islam

PARIS
ERNEST LEROUX, ÉDITEUR
28, RUE BONAPARTE (VIe)

1902

Angers, imprimerie Burdin et Cie, 4, rue Garnier.

La REVUE DE L'HISTOIRE DES RELIGIONS paraît tous les deux mois, par fascicules in-8° raisin, de 8 à 10 feuilles d'impression.

Prix de l'Abonnement annuel :	Paris	**25 fr.** »
— — —	Départements	**27 fr. 50**
— — —	Etranger	**30 fr.** »
Un numéro pris au Bureau	. . . .	**5 fr.** »

La Revue est purement historique; elle exclut tout travail présentant un caractère polémique ou dogmatique.

Prière d'adresser tous les ouvrages destinés à la Revue à M. Jean Réville, *directeur de la Revue de l'Histoire des Religions*, chez M. Leroux, éditeur, 28, rue Bonaparte, à Paris (VI°).

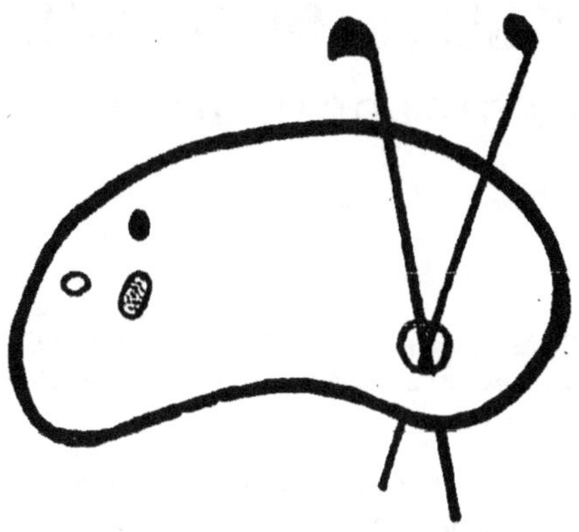

FIN D'UNE SERIE DE DOCUMENTS
EN COULEUR

NOUVELLES CONTRIBUTIONS
A L'HAGIOLOGIE DE L'ISLAM

Nédromah et les Traras, par *René Basset* (Paris, Leroux, 1901; in-8 de xvii et 238 p. — *Publications de l'École des Lettres d'Alger*; *Bulletin de Correspondance Africaine*, t. XXV).

Les dix dernières années ont été fécondes en travaux qui permettent d'apprécier plus exactement le culte des saints locaux dans l'Afrique du Nord. De pareilles recherches contribuent plus à la connaissance de l'Islam actuel que l'étude de la dogmatique des Écoles. La religion du peuple se manifeste dans les variétés de ces cultes locaux et bien souvent, en dépit des savants théologiens, elle s'inspire des traditions populaires qu'ils dédaignent. Aussi faut-il accorder une grande attention aux études scientifiques sur le culte des saints, sous les formes multiples qu'il revêt dans les divers pays et chez les diverses populations de l'Islam.

La *Revue* a publié récemment des notes très intéressantes, de M. *Edmond Doutté*, sur l'hagiologie de l'Islam dans l'Afrique du Nord[1]. Les missions scientifiques qu'il a poussées depuis lors plus loin au cœur du Maghrib, et dont il est permis d'attendre des résultats considérables, y ajouteront encore une riche moisson de renseignements[2]. Il va de soi que le savant inspirateur de l'essor scientifique pris par les études islamiques en Algérie durant les dernières années, M. *René Basset*, ne se désintéresse pas de cet ordre de travaux. Il n'y a pas longtemps nous avions l'occasion de signaler ici même l'importance de son mémoire sur les

1) Voir *Revue*, t. XL et XLI et le tirage à part chez Leroux : *Notes sur l'Islam Maghribin. Les Marabouts* (1900 : 124 p.).

2) Qu'il nous soit permis, à cette occasion, d'exprimer le vœu que M. Doutté puisse continuer son *Bulletin bibliographique de l'Islam Maghribin* (Extrait du « Bulletin de la Société de Géographie d'Oran » ; 1899). Cette publication, accueillie avec beaucoup de faveur par les savants, comble, de l'aveu de tous, une lacune de l'histoire littéraire de l'orientalisme. Il serait très fâcheux qu'elle fût suspendue.

sanctuaires du Djebel Nefousa pour la connaissance de la religion populaire dans cette partie de l'Afrique[1]. L'ouvrage sur Nédromah, auquel se rapporte le présent article, contient les résultats scientifiques d'une mission dont il fut chargé, sur le territoire des Traras, dans l'ouest du pays, en avril 1900, par M. Laferrière, alors gouverneur général de l'Algérie. Cette région est importante pour l'histoire politique et religieuse du nord de l'Afrique. Elle est habitée par la tribu berbère des *Koumijah*, celle dont était originaire 'Abdalmoumin, le grand général de Mohammed ibn Toumart et le fondateur de la dynastie des Almohades. Cela seul suffirait à rendre d'emblée particulièrement intéressant le livre de M. Basset. Il se rattache ainsi à l'une des époques les plus remarquables de l'histoire de l'Islam dans le nord de l'Afrique et, pour l'historien, il importe beaucoup de connaître le milieu, topographique et ethnographique, où se sont formés des héros dont les noms ont caractérisé une phase de l'histoire. Jusqu'à présent nous n'avons appris à connaître 'Abdalmoumin qu'à partir de sa rencontre fortuite avec l'agitateur dont il devait continuer l'œuvre. M. Basset nous montre les lieux de son enfance, son pays et le peuple d'où il est sorti.

Par un autre côté encore la mission accomplie par M. Basset appelle notre attention. Dans une notice provisoire où il a résumé ses découvertes chez les Traras[2], il s'exprimait ainsi : « Je dois signaler une influence juive incontestable et qu'on ne saurait attribuer aux Israélites actuels qui sont venus du Maroc au XVIIe siècle, à ce que m'ont raconté les rabbins du pays. On vénère encore sur le bord de la mer, à quelque distance de Nédromah, le tombeau de Josué (Sidi Youschâ ben Noun) et les traditions attribuent aux Benou Zeiyân, rois de Tlemcen, la constitution des habous de ce sanctuaire. Au moyen âge, un cap Noun (nom du père de Josué) est mentionné dans ces parages par les géographes arabes et l'on retrouve encore aujourd'hui une tribu des Beni Ichou', au lieu de la forme arabe Aissa ». De plus l'histoire contée dans le Koran, *Sur*. XVIII, v. 59 et suiv. et à laquelle la tradition mohamétane a mêlé Josué à propos du v. 59, est localisée dans ce pays par la population indigène. Le mur (gidâr) mentionné au v. 76 est réclamé par les gens de Tlemcen comme leur appartenant. Gidâr, en effet, ne serait pas autre chose que Agadir. Ce serait le lieu du voyage de Moïse avec Khadir. La légende mohamétane indigène a conservé aussi un souvenir traditionnel du poisson que

1) T. XLI, p. 398-401.
2) *Journal Asiatique*, 1900 (juillet-août), p. 180.

Moïse et Josué auraient en partie mangé. « Je verrais volontiers, écrit M. Basset (p. XII), dans cette exégèse de fantaisie, l'œuvre d'un Juif converti dans le genre de Ka'b el-ahbâr, à qui on doit maintes explications de cette sorte. Celle-ci aurait pour base l'existence d'un tombeau où reposait, dit-on, Josué ».

Je me permets d'exprimer timidement des doutes sur le caractère décisif des conclusions assurément très suggestives présentées par l'auteur. La pénétration des Juifs en Mauritanie à l'époque romaine et grecque est sans doute un fait historique, auquel M. Basset a raison de faire appel[1]. Mais on ne peut en déduire qu'une influence religieuse de ces établissements juifs dans le nord de l'Afrique se soit conservée contre vents et marée jusque dans l'islamisation des Berbers. Les filiations généalogiques remontant jusqu'aux Juifs, à cause même de leur caractère artificiel, sont pour une grande part des fictions savantes[2]; pour l'autre part elles ont d'autres origines[3]. Une influence juive aurait dû laisser tout d'abord des traces dans des survivances éparses de coutumes, d'usages ou d'institutions, remontant à des souvenirs d'origine juive ou à des notions spécifiquement juives, étrangères au caractère propre des indigènes et offrant un cachet différent du leur. Il ne paraît pas qu'il en soit ainsi des légendes de Josué ni de la présence du nom de Noun qui dans le Judaïsme lui-même n'avait jamais eu de notoriété prépondérante. La localisation d'une légende où Josué joue un rôle et qui se réduit après tout à la dénomination d'un sanctuaire d'après un vocable hébraïque connu par l'Ancien Testament, ne me paraît pas un point d'appui suffisant pour stipuler l'action d'une antique influence juive sur la population de ce pays. D'autant moins qu'il n'est guère probable que ces Juifs établis dans le nord de l'Afrique eussent jamais attribué au conquérant du pays de Canaan un séjour plus ou moins prolongé en Afrique. Les populations d'origine cananéenne dont parlent des traditions juives et que mentionnent aussi depuis le IIIe siècle des écrivains chrétiens, ne sont pas des Israélites, mais des autochthones cananéens qui fuient justement leur pays devant la conquête israélite et

1) La bibliographie à ce sujet a, depuis lors, été dressée dans l'article *Africa*, de M. Samuel Krauss, dans *Jewish Encyclopedia*, I, p. 226.

2) C'est-à-dire inventées par des procédés considérés comme scientifiques, tout comme les étymologies arabes des noms de lieux berbères ; *Basset*, p. 93, note 1 ; p. 119 (Ṭirbân), etc.

3) Cfr. R. Basset, *Les dictons satiriques attribués à Sidi Ahmed ben Yousof*, (Paris, 1890), p. 27, n° 2 ; p. 29, n° 6.

se réfugient en Afrique[1]. Dans les traditions de cette espèce il n'y a pas place pour Josué.

Ces réminiscences bibliques me paraissent être l'œuvre des missionnaires mohamétans qui cherchaient à réconcilier avec l'Islam des Berbers rénitents, par de semblables rapprochements entre leurs pays et les anciens prophètes. De même que les instructeurs des peuples païens convertis à l'Islamisme rattachaient volontiers la généalogie de ces peuples à l'arbre généalogique des Arabes[2], de même il leur paraissait utile de rattacher aux personnages de la religion les pays de leurs convertis[3]. *Bornou* devient par l'étymologie *Barr Nûh*, pays de Noé, et est mis en relation avec ce patriarche[4]. Sous ce rapport l'Afrique du Nord ne diffère pas des autres domaines de l'Islam. En Afghanistan on a fixé sur la chaîne des montagnes du Suleimân-dâgh le point où atterrit l'arche de Noé et au Takht-Suleimân on a déterminé le lieu où le roi Salomon s'assit[5].

On n'a pas encore trouvé la source juive de la légende du Koran dont nous sommes partis. Mais d'autres localités que Agadir se la sont annexée. La ville (karja) du v. 76 serait d'après les uns Antioche, d'après d'autres Ubulla près Basra, ou encore Bâdjarwân en Arménie[6]. Nous ferons bien, je pense, d'appliquer à ces prétentions et à ce genre de légendes le jugement énoncé par un Maghribin éclairé, *Ibn Chaldûn* : « Il faut regarder ces renseignements comme une fable provenant de l'esprit inné de partialité qui porte les hommes à exalter leur ville natale, le pays d'où ils tirent leur origine, la science qu'ils cultivent, le métier qu'ils exercent[7] ». M. Basset aura en tout cas groupé ici avec une merveilleuse abondance tout ce qui se rapporte à cette tradition sur Josué et aux autres éléments juifs observés dans le domaine qu'il a étudié et il fournit ainsi d'abondants matériaux pour la tractation de ce sujet. C'est dans l'introduction de son livre qu'il expose la conclusion qu'il croit pouvoir y rattacher.

1) Voir les témoignagnes à l'appui chez S. Munk, *Palestine* (*L'Univers pittoresque, histoire et description de tous les peuples*, Paris 1838), traduction allemande de *M. A. Levy* (Leipzig, 1871, t. I, p. 192-195).

2) Cfr. mes *Muhammedanische Studien*, I, p. 143. Les généalogies juives signalées par M. Basset, (p. XIV) tendent sans doute au même but.

3) Voir mon article *Arabische Beiträge zur Volksetymologie* dans *Zeitschrift für Völkerpsychologie*, XVIII, p. 81.

4) Nachtigal, *Sahara und Sudan*, II, p. 401.

5) Élisée Reclus, *Géographie*, IX, p. 42.

6) Beidhâwii *Commentarius in Coranum* (ad locum), éd. Fleischer, I, p. 570, 9.

7) Cité par M. Basset, p. XII.

L'ouvrage même est, dans la pleine acception du terme, une monographie qui épuise le sujet et où l'on trouve tout ce qui concerne le territoire de Nédromah et sa population. L'érudition bien connue de M. Basset en de nombreuses littératures lui permet de toucher avec une égale abondance de renseignements aux sujets les plus variés. Le but principal du livre est de fournir la description topographique exacte de Nédromah et des tribus qui y habitent, mais tout en décrivant les localités et leurs traditions il a semé dans ses notes des indications très intéressantes pour l'étude comparée des légendes (p. ex. p. 33, note 2[1]; p. 69, note 1; p. 121, note 2). Les lecteurs qui s'intéressent à la philologie berbère trouveront abondamment leur compte dans son livre. Les explications des noms de lieux berbères donnent lieu à des commentaires philologiques, dont le riche contenu ne peut pas être analysé. De plus un Appendice spécial, n° 1, est consacré à une étude grammaticale et lexicographique sur « le dialecte berbère de la région et le dialecte des Beni Bou Sa'id » (p. 131-157).

Ce qui nous intéresse ici tout particulièrement, ce sont les abondants renseignements hagiologiques de ce livre. Dans la description topographique l'auteur a porté tout spécialement son attention sur les mosquées, les zâwijahs, les tombeaux de saints, les lieux commémoratifs, les enceintes de pierres (ha*wità* et h*ôsch*), les cours couvertes qui portent le nom d'un saint et qui sont en quelque sorte le fondement topographique des formations religieuses locales. Outre les saints spécifiquement locaux nous y trouvons aussi des noms sacrés qui sont répandus à travers tout le monde de l'Islam, de très nombreuses commémorations locales du saint Gilanien 'Abdelkâdir, qui paraît être l'objet d'une vénération toute particulière dans le Maghreb, voire même des personnalités qui viennent de fort loin, telles que Sîdî Sfijân (Sufjân) al-Thaurî (p. 112) dont la relation avec la région étudiée ne nous paraît pas bien claire. Au milieu des petits saints locaux dont l'action est strictement limitée au lieu de leur résidence[2], d'autres de plus gros calibre se sont introduits, qui ont leur place dans le développement de l'Islam nordafricain comme patrons et fondateurs de grandes associations religieuses, comme p. e. dans une

1) Aux données réunies ici nous ajouterions volontiers que le peuple tyrolien raconte une légende analogue du reliquaire de sainte Nothburga dans l'église d'Eben près de l'Achensee.

2) A propos de *Sidî Bâ-Kândîl* (p. 120) je rappellerai *Hâdj Gandîl* dont M. Vollers a signalé le culte local près d''Amarna en Égypte et dont il a essayé de donner l'interprétation (*Zeitschrift für Assyriologie,* VIII, p. 208).

mosquée et une koubba en l'honneur de Mohammed al-'Arbi [1], fondateur de l'ordre des Derqâouas (p. 54). Jamais l'auteur ne néglige de réunir en notes les renvois utiles aux ouvrages orientaux et occidentaux que sa prodigieuse érudition lui permet de glaner dans tous les coins et recoins de la littérature scientifique. Ses observations deviennent parfois de véritables petites monographies sur les personnages mentionnés dans le texte ou sur les noms propres. Une table sommaire des matières qu'il y a traitées, ne donnerait qu'une très faible idée de la riche moisson que sa méthode de description topographique des sanctuaires locaux apporte à la science de la religion dans ce domaine de l'Islam Maghribin. Il faudrait avoir des monographies locales semblables au modèle que nous a donné M. Basset, pour pouvoir embrasser dans son ensemble et avec tous les détails l'Islam Maghribin.

L'auteur a étudié aussi avec soin les inscriptions qu'il a trouvées, en petit nombre malheureusement, dans les lieux sacrés qu'il a visités. Elles ne sont pas bien anciennes, pas plus que les constructions auxquelles elles appartiennent. La plus ancienne et en même temps la plus précieuse est celle qui provient d'une chaire de la grande mosquée de Nédromah, une inscription taillée sur bois, de l'année 474 de l'hégire (1081/2 de l'ère chrétienne), par conséquent de la belle période de Jûsuf b. Taschfîn. Cette pièce, acquise par M. Basset pour le Musée des Antiquités algériennes à Alger-Mustapha, rivalise par conséquent d'antiquité avec l'inscription de la porte de Sidi Okba, que l'on considérait jusqu'à présent comme le plus ancien document épigraphique de l'Islam algérien. M. Basset en donne le fac-similé (p. 22). Il a également trouvé dans les archives des Zâwijahs des lettres et des documents relatifs aux habitants, qu'il reproduit pour une part dans le texte arabe, tandis qu'il résume le contenu du reste (p. 60 et suiv.).

L'auteur constate qu'en sus de celui de Nédromah il existe un grand nombre de tombeaux de Josué dans beaucoup de localités orientales et occidentales [2]. A ce propos il nous offre une précieuse étude sur les doublets des tombeaux de saints et spécialement de ces tombes de person-

1) Aux données bibliographiques, j'ajouterai l'ouvrage très important : *Baghjat al-mustafîd lischarh Munjat al-murîd* (Le Caire, 1304 ; 297 p. in-4°), très instructif pour qui veut connaître le mysticisme maghribin.

2) Sur les différentes traditions relatives au lieu de sépulture de Josué, voir mon article dans *Zeitschrift des deutschen Palæstinavereins*, II (1879), p. 13-17. Sur un tombeau de Josué, près de Bagdad « sur la route qui conduit à la petite ville persane Gâdim », cfr. *Journal Asiatique*, 1885, I, p. 533.

nages bibliques qui sont également honorées dans le Judaïsme, dans le Christianisme et dans l'Islamisme et sur la localisation desquelles règnent les traditions les plus divergentes. Cela sert à expliquer pourquoi les Mohamétans du nord de l'Afrique vénèrent le tombeau de Josué en un autre lieu que les Juifs, les Chrétiens ou les Mohamétans orientaux.

L'un des caractères les plus remarquables du Mohamétisme populaire, c'est la facilité avec laquelle, en tous pays, les sectateurs de l'Islam se sont approprié les objets de culte des religions antérieures. Ils ont parfois transformé des images de saints chrétiens en représentations de héros de la foi mohamétane[1]. Mais, même sans leur donner une nouvelle affectation, ils s'associent volontiers à la vénération des tombeaux des personnages sacrés honorés par les Juifs ou les Chrétiens. Du moment qu'ils espèrent remporter de leur visite au tombeau sacré une bénédiction quelconque, il leur est assez indifférent que le pouvoir du saint à la cour céleste émane d'une puissance ou d'une autre.

En différents siècles des témoignages historiques attestent que la masse populaire mohamétane en Palestine accomplit des actes de vénération auprès des tombes sacrées des Juifs. D'après un témoin du XIIIe siècle le peuple mohamétan a consacré de l'huile et des offrandes votives au tombean de R. Jônâthan ben 'Uzziel, à ʿAmuk, ainsi qu'au tombeau d'Eliézer ben Hyrcanos, non loin de Giscala. Pour honorer celui-ci, des Mohamétans, d'accord avec les Juifs, ont orné son tombeau de lampes chaque vendredi[2]. Le voyageur juif florentin, Meshullam de Volterra, qui visita l'Égypte et la Terre sainte en 1481-82 et dont le journal de voyage a été publié, il y a quelques années, d'après un manuscrit de la Bibliothèque Laurentienne, raconte qu'aux environs de Jérusalem beaucoup de tombeaux de saints spécifiquement juifs sont tenus en grand honneur par les Mohamétans et que ceux-ci adressent même parfois aux Juifs le reproche de négliger ces tombeaux[3]. Ainsi les Mohamétans auraient manifesté plus de zèle que les Juifs eux-mêmes pour honorer des tombeaux juifs. Un renseignement datant du XVIIe siècle est encore plus caractéristique. Un habitant de Safed, originaire de Mo-

1) On en trouve un exemple très remarquable dans *Ḳazwini*, éd. Wüstenfeld. II, p. 331, 15. Voir aussi l'exemple du tombeau du rabbin juif Ziphaï dont les Mohamétans font un théologien de l'Islam (Basset, p. 194).

2) Carmoly, *Itinéraires de la Terre Sainte des* XIIIe-XVIIe *siècles*, traduits de l'hébreu (Bruxelles, 1849), p. 132, 135, 251, 264 ; cfr. *Basset*, p. 193.

3) *Jerusalem, Jahrbuch zur Beförderung einer wissenschaftlichen Kenntniss des jetzigen und alten Palaestinas*, publié par M. J. Luncz, I (Vienne, 1882), p. 205 de la partie hébraïque.

ravie, Salomon Meinsterl, dans un récit qui illustre fort bien la situation de la Palestine à cette époque (1602), rapporte ceci : « Ils fêtent chaque veille de la nouvelle lune et la fête du jour des expiations, en s'abstenant de travail jusqu'à l'après-midi ; tous les Juifs s'assemblent dans une grande synagogue ou visitent le tombeau du prophète Osée ben Beëri, recouvert d'une grande et fort belle coupole ; ou bien ils visitent la grotte du divin Tannaïte Abba Saul ou le tombeau de R. Jehuda ben 'Illaï : ces hommes pieux sont, en effet, enterrés non loin de la ville. Ils y célèbrent de solennelles prières jusqu'à l'après-midi ; souvent ils y passent toute la journée en prières et en prédications. Les habitants de la Terre sainte qui ne sont pas Juifs témoignent à ces gloires et à ces saints d'Israël beaucoup de respect et de vénération. Quoique nous fussions toute la journée en plein air, couverts du tallith et vêtus de tefillin, et que nous invoquassions à haute voix notre Dieu devant les tombeaux des hommes pieux, personne des non-Juifs ne s'enhardit à pénétrer dans le lieu de prière des Juifs ni — Dieu les en garde ! — à tourner leurs prières en dérision. Chacun continuait sa route ; personne n'ouvrait la bouche pour faire des observations qui pussent nous troubler. Bien au contraire *ils rendent honneur aux tombeaux des saints Tannaïtes et des saints de la Synagogue ; ils allument des lampes sacrées auprès des tombeaux et offrent de l'huile pour les synagogues*. Dans les localités de Zer'în, ('Ain-) Zeitûn et Mèrôn[1] qui sont inhabitées à cause de nos péchés, il y a beaucoup de synagogues avec un grand nombre de rouleaux de la Thora. Les non-Juifs leur adressent, à eux aussi, beaucoup de témoignages de respect. Les clefs de ces synagogues sont entre leurs mains ; ils honorent ces sanctuaires et allument des lampes devant eux ; personne ne touche aux rouleaux de la Loi. De temps à autre nous visitons, nous aussi, ces synagogues et y disons nos prières, lorsque les circonstances l'exigent[2]. »

Il y a aussi des lieux sacrés de chrétiens qui sont honorés par les Mohamétans. L'Islam n'empêcha pas le conquérant barbare Timour, après la conquête et le pillage d'Amid, de consacrer de grosses sommes à la construction de deux dômes au-dessus des tombeaux du prophète Jonas et du saint chrétien Sergius, auprès desquels il s'était pieusement rendu

1) Dans le texte : כפר צירין דיתו״ם ומירין : dans cette dernière localité, à deux heures au nord-ouest de Safed, se montrait jadis le tombeau de Hillel et de Schammaï (Ritter, *Erdkunde*, XV, p. 258).

2) Imprimé dans le livre intitulé *Schibhché hâ-Ari* (éd. de Livourne, an du monde 5550 = 1789), fol. 36ª.

en pèlerinage [1]. Une pareille attitude se comprend aisément de la part de populations dont l'Islamisme est de date récente et qui ne pouvaient pas abandonner du jour au lendemain leurs sanctuaires ni leurs traditions sacrées. Il y en a de nombreux exemples parmi les Grecs. L'auteur du « Nouveau voyage en Orient » raconte dans sa xve lettre que les Mohamétans, malgré leur hostilité envers le culte des images, consacrent des fleurs, des bougies, etc. à l'image de saint Antoine de Padoue, dans l'île de Scio, quand ils sont en détresse, à cause des nombreux miracles qui lui sont attribués [2]. Et Fallmerayer, parlant de l'image miraculeuse de Marie dans le couvent de Sumélas, rapporte ce qui suit : « Nous avons vu de nos yeux trois femmes turques, venues de Baiburd, à douze heures de marche, accompagnées de leurs parents, toutes voilées, se prosterner jusqu'à terre au culte du matin devant l'iconostase de l'église conventuelle pour obtenir avec le concours des psalmodies des moines l'intercession de Mirjam-ana (Mère Marie) auprès du Seigneur de l'Univers. Pendant la mystérieuse transsubstantiation des espèces et pendant la procession du Saint-Sacrement les « infidèles » étaient chaque fois conduites hors de l'église par un moine, mais l'Évangile était lu spécialement et avec un accent solennel, entre deux cierges allumés, sur la tête des Mohamétanes assises [3]. »

Il ne nous échappe pas, assurément — nous venons déjà de l'indiquer — que ces divers exemples ne rentrent pas dans la même catégorie de l'histoire religieuse; il faut les distinguer d'après les antécédents ethnographiques. Mais d'une façon générale ils nous montrent cependant la disposition syncrétiste qui est inhérente à la *religion populaire* chez les Mohamétans et qui lui permet d'honorer des lieux sacrés juifs ou chrétiens. En ce qui concerne les Chrétiens il faut tenir compte aussi de la vénération pour le *râhib* (anachorète chrétien), dont l'influence a été décisive sur le développement de l'ascétisme mohamétan [4]. A ce point de vue il est intéressant de noter que dans la légende de saint François d'Assise les Musulmans s'inclinent avec respect devant lui et déclarent que « Dieu seul a pu former un pareil homme ».

Si les Mohamétans s'associent spontanément à la vénération des tombeaux de rabbins juifs et de moines chrétiens, à combien plus forte

1) Hammer, *Geschichte des Osmanischen Reiches* (en 4 vol. ; Pesth), I, p. 226; Lamartine, *Nouveau voyage en Orient* (Paris, 1877), p. 347.

2) *Mirike-Reiz*, p. 55.

3) Fallmerayer, *Fragmente aus dem Orient*, 2e éd. (Stuttgart, 1877), p. 121.

4) Voir *Revue*, t. XXVIII, p. 113 ; cfr. *Wiener Zeitschrift für die Kunde des Morgenlandes*, t. XIII (1899), p. 36 et suiv.

raison ont-ils pu s'approprier la consécration de certains lieux auxquels se rattachait la mémoire de personnages *bibliques* ! Dans cet ordre de croyances leurs traditions tantôt s'accordent avec celles des Juifs et des Chrétiens, tantôt ils ont associé aux noms des patriarches et des prophètes d'autres localités que ceux-ci ; tantôt ils l'ont fait d'accord entre eux, tantôt ils ont adopté des traditions différentes. Nous devons une vive reconnaissance à M. Basset de ce qu'il ait comblé une regrettable lacune de nos connaissances à ce sujet en groupant, dans un appendice spécial de son livre, toutes les traditions des trois religions sur *les tombeaux des principaux personnages de la Bible* (p. 158-195). Grâce à son inépuisable érudition littéraire il a rassemblé et soumis à un jugement critique les données juives, chrétiennes et mohamétanes sur ce thème. Qu'après une pareille moisson il reste encore quelque chose à glaner, personne ne s'en étonnera ni ne songera à en faire le reproche à l'auteur. Sur un champ littéraire aussi vaste [1], il est impossible qu'il en soit autrement. Sous le bénéfice de cette observation je fais suivre ici quelques notes additionnelles :

§ 2. Il est aussi parlé d'un tombeau d'*Abel* (Kabr Hâbil) à Sûk (près Damas), l'ancien *Abila* [2]. La tradition provient sans doute de l'homophonie d'Abila et d'Abel. On a localisé le théâtre du premier fratricide dans la région de Damas et l'on a même été jusqu'à interpréter le nom de cette ville comme « sang du juste » (?) [3]. Dans le voisinage, dans la vallée de Jahfûfah, dans l'Anti-Liban, on a localisé aussi le tombeau de Seth [4]. Le comte polonais Nicolas Radzivil, qui voyageait en Orient au XVIIe siècle, parlant de la montagne près de Damas, donne le renseignement suivant : « In ejus summitate duo colles eminent in quibus Domino holocausta sua obtulisse feruntur [scil. Cain et Abel] ; ad radices unius horum *locus ostenditur caedis et sepulturae dicti Abel.* Dixerunt nobis Turcae, quod hoc in loco subterraneus quidem fremitus auditur in fratricidii illius testimonium et memoriam innocentis Abel, ob idque

1) Pour la littérature juive sur le sujet il faut aussi consulter le mémoire de L. Zunz, *Geographische Litteratur der Juden von den ältesten Zeiten bis zum Jahre* 1841 (Introduction à *Benjamin de Tudèle*, éd. Asher, Berlin, 1840-1841), publié maintenant dans les *Gesammelte Schriften von Dr Zunz*, I (Berlin, 1875), p. 146-216. Sur des traditions relatives aux tombeaux, voir p. 167, n° 43 ; p. 182, nos 74, 78 ; p. 191, no 109 ; p. 210.

2) Porter, *Five years in Damascus* (Londres, 1870), p. 99.

3) Lynch, *Bericht ueber die Expedition der Vereinigten Staaten nach dem Jordan und dem Todten Meer* (traduction allemande, Leipzig, 1850), p. 309.

4) Burton-Drake, *Unexplored Syria* (Londres, 1872), I, p. 33.

plurimum locum venerantur et pro certo affirmarunt, si quis gravi aliqua infirmitate correptus nudo corpore in eo jacuerit, statim sanitati pristinae restituitur »[1].

§ 4. Le tombeau de *Sem*, d'après Makrîzî[2], est dans la mosquée Ibn al-Bannâ, à 150 mètres au nord de Bâb Zuweile au Caire. On peut y ajouter qu'aux environs d'Hébron, auprès d'une Chirbet râs *Kan'ân*, il est fait mention du tombeau du patriarche des Cananéens[3].

§ 5. Il y a, ailleurs encore, des tombeaux d'*Abraham* isolés, ainsi dans le village de Berzeh près Damas[4] où l'on célèbre chaque année une « Dôseh » en l'honneur du patriarche[5]. Près de Hilleh, en Mésopotamie, on mentionne des traces d'une tradition de même nature[6].

§ 6. D'après Renan la tradition place en un lieu nommé Si'ir, dans le voisinage d'Hébron, un tombeau d'*Ésaü*[7].

§ 9. En ce qui concerne les lieux de sépulture des *fils de Jacob* j'ai groupé diverses traditions locales dans mon mémoire « Aus dem muhammedanischen Heiligencultus in Aegypten » (*Globus*, LXXI, n° 15, p. 237). Les Israélites d'Ispahan vénèrent près de cette ville le tombeau de *Serach, fille d'Asser*[8].

§ 10. Au sujet du tombeau de *Moïse* les Mohamétans ont des traditions différentes. La plus connue veut qu'il ait été enseveli dans le voisinage de la Mer Morte, sur la colline *Nebi Mûsa*, où les touristes font en général une excursion obligatoire depuis Jéricho. J'ai visité ce lieu moi-même en 1873 et j'y ai rencontré un très grand nombre de pèlerins mohamétans qui entouraient avec recueillement la sépulture du prophète[9]. M. Dalman publie dans son ouvrage récent une chanson des pèlerins allant au tombeau de Nebi Mûsâ[10]. Mais on montrait aussi le

1) Nicolas Radzivil, *Ierosolymitana peregrinatio* (traduction latine de Thomas Frater), Jaurini (= Györ en Hongrie), 1753, p. 22.

2) *Chitat*, I, p. 380; II, p. 409 ; *Globus*, LXXI, p. 236.

3) G. Rosen, dans *Zeitschrift der deutschen morgenländischen Gesellschaft*, XI, p. 59.

4) Kremer, *Mittelsyrien und Damaskus* (Vienne, 1853), p. 118. — Murâdî, dans le *Silk al-durar* (Boulaq, 1301), III, p. 112-113, s'étend longuement sur le *makâm Ibrâhîm* près de Berzeh.

5) *Zeitschrift d. deutsch. morgenl. Ges.*, t. XXXVI, p. 647 ; *Zeitschrift für Ethnologie*, 1873, p. 285.

6) Ormsby-Wellsted, *Reise* (traduction allemande, Pforzheim, 1841), p. 144.

7) *Mission en Phénicie*, p. 813.

8) *Revue des Ecoles de l'Alliance isr. univ.*, 1901, fasc. 3.

9) Voir aussi Arthur Alric, *Les pèlerins musulmans au tombeau de Moïse* (Montpellier, 1882).

10) *Palaestinischer Diwan* (Leipzig, 1901), p. 158.

tombeau de Moïse dans une vieille mosquée à Damas, du moins il y a six siècles[1], et à trois jours de marche de Mokka, d'après une source fort sujette à caution, il est vrai[2], il y a aussi une montagne où l'on place le tombeau de Moïse. Dans le Djebel ʿAkkâr, en Phénicie, il y a un endroit appelé Nebi Mûsâ[3].

Les Mohamétans ont assigné des emplacements divers au tombeau d'*Aaron*, tantôt à peu près à l'endroit où le place le récit biblique[4], tantôt sur le mont Ohod près de Médine[5]. Ce tombeau arabe d'Aaron a été mis en rapport avec la légende d'un séjour de Moïse et d'Aaron dans le Hedjâz[6].

§ 13. Il est parlé du tombeau d' « un prophète *Urijah* » dans le pays d'ʿAmmân à côté d'autres lieux consacrés à des personnages bibliques (le château de Goliath, l'oratoire de Salomon[7], etc). Pour le prophète *Ezéchiel* (Dhu-l-kifl), les Mohamétans ont aussi des tombeaux ailleurs qu'en Mésopotamie. Ibn Batûtah en a visité un à Balkh[8]. On signale aussi un *makâm D. kifl* à Damas, dans un cimetière sur le versant du mont Kâsijûn[9].

L'esquisse que nous venons de tracer du nouveau livre de M. Basset, montre à combien d'égards cet ouvrage intéresse les hagiographes de l'Islam et combien il doit stimuler leur zèle pour continuer ces études dans le même sens. Le gouvernement de l'Algérie acquiert des titres à la reconnaissance du monde savant en permettant, par l'octroi de missions, aux savants de son ressort de se livrer à de semblables recherches. Puissent les missions de ce genre être toujours confiées à des maîtres aussi compétents et produire toujours d'aussi riches moissons.

1) *Jâkût*, II, p. 589, 21.

2) Sepp, *Jerusalem und das heilige Land* (Schaffouse), II, p. 245. Al-Kastalân étudie les différentes versions sur le tombeau de Moïse dans son commentaire sur Bouchârî (II, p. 494), *Kitâb al-djâna'iz*, n° 69.

3) Renan, *Mission en Phénicie*, 116.

4) Tûr Hârûn, *Jâkût*, II, p. 529, 21 ; *Kazwînî*, I, p. 168. Cfr. E. H. Palmer, *Der Schauplatz der vierzigjährigen Wüstenwanderung Israels* (Gotha, 1876), p. 337-339.

5) *Zeitschrift d. deustchen morgenl. Ges.*, XVI, p. 688.

6) Burton, *Personal narrative*, etc. (Tauchnitz), II, p. 57.

7) *Jâkût*, III, 720, 3.

8) *Voyages*, éd. Paris, I, p. 231. Cfr. *Archiv für Religionswissenschaft*, II, p. 194.

9) Murâdî, *Silk al-durar*, I, 30, 9 ; 258, pénult. Cf. sur les traditions touchant le tombeau de ce prophète, Nestle, *Marginalien und Materialien* (Tübingen, 1893), p. 53-55.

Angers. — Imprimerie A. Burdin et Cie, rue Garnier, 4.

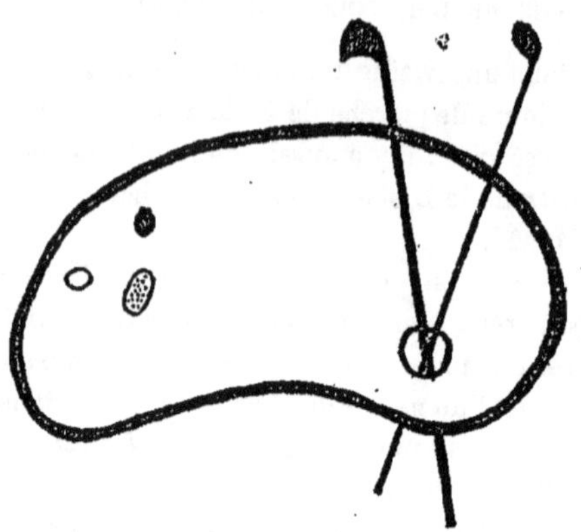

COLLECTION DE CONTES ET DE CHANSONS POPULAIRES

www.ingramcontent.com/pod-product-compliance
Lightning Source LLC
LaVergne TN
LVHW010318230826
846091LV00009B/3715

9782013558327